Né le 26 juin 1913 à Basse-Pointe, en Martinique, Aimé Césaire a fait ses études en France. Poète, dramaturge et homme politique, il a joué un rôle considérable dans la prise de conscience des acteurs politiques et culturels de la décolonisation. Fondateur, en 1939, de la revue *Tropiques*, il élabore et définit, avec Léopold Sédar Senghor, la notion de « négritude ». En 1956, après avoir rompu avec le Parti communiste français, il crée le Parti progressiste martiniquais. Député de la Martinique jusqu'en 1993, Aimé Césaire a été député-maire de Fort-de-France de 1945 à 2001. Il est mort le 17 avril 2008 à Fort-de-France.

Aimé Césaire

UNE TEMPÊTE

THÉÂTRE

d'après « La Tempête » de Shakespeare
Adaptation pour un théâtre nègre

Éditions du Seuil

ISBN 978-2-02-031431-2
ISBN 978-2-02-001334-5, 1re publication
(ISBN 978-2-02-005655-7, 1re publication poche)

© Éditions du Seuil, 1969

Personnages

Ceux de Shakespeare.

Deux précisions supplémentaires

ARIEL   esclave, ethniquement un mulâtre

CALIBAN   esclave nègre

Une addition

ESHU   dieu-diable nègre

Atmosphère de psychodrame. Les acteurs entrent les uns après les autres et chacun choisit un masque à sa convenance.

Allons, Messieurs, servez-vous... A chacun son personnage et à chaque personnage son masque. Toi, Prospero? Pourquoi pas? Il y a des volontés de puissance qui s'ignorent! Toi, Caliban? Tiens, tiens, c'est révélateur! Toi, Ariel! Je n'y vois aucun inconvénient. Et Stéphano? Et Trinculo? Pas d'amateurs? Oui! A la bonne heure! Il faut de tout pour faire un monde.

Et après tout, ceux-là ne sont pas les pires! Pour les jeunes premiers Miranda et Ferdinand, pas de difficultés... Vous, d'accord! Pas de difficultés non plus pour les scélérats : vous Antonio, vous Alonso, parfait! Dieu! J'oubliais les dieux! Eshu te va comme un gant! Quant aux autres, débrouillez-vous! Alors, choisissez... Mais il y en a un que je choisis : c'est toi! Tu comprends, c'est la Tempête. Il me faut une tempête à tout casser... Alors, il me faut un costaud pour faire le Vent. Alors, c'est toi? D'accord! Et puis un Commandant à poigne pour le bateau! Bon, maintenant, allez-y... Attention! C'est parti! Vents, soufflez! Pluie et éclairs, à volonté!

Acte I

Scène 1

GONZALO

Bien entendu, nous ne sommes qu'un fétu de paille dans cet océan déchaîné, mais Messieurs, tout n'est pas pour autant perdu, il n'y a qu'à tâcher de gagner le centre de la tempête.

ANTONIO

Il est dit que ce vieux radoteur nous rasera jusqu'au bout!

SÉBASTIEN

Hélas! Jusqu'à la dernière tasse.

GONZALO

Saisissez-moi bien. Imaginez un gigantesque verre de lampe qui se propulserait à la vitesse d'un cheval au galop et dont le centre resterait impassible comme l'œil du cyclope. C'est précisément ce secteur de calme que l'on appelle l'œil du cyclone et qu'il s'agirait d'atteindre.

ANTONIO

Joli! En somme vous voulez dire que le cyclone ou le cyclope, ne voyant pas la paille qui est dans son œil, nous en réchapperions! Cela est en effet lumineux!

GONZALO

Si vous voulez; c'est une manière plaisante de dire la chose.

Littéralement faux et absolument vrai. Mais pourquoi ce remue-ménage? Le capitaine a l'air inquiet!

Il appelle

... Capitaine!

LE CAPITAINE

haussant les épaules

Maître!

LE MAITRE

Présent!

LE CAPITAINE

Nous sommes au vent de l'île. Du train dont ça va, on échoue! Il n'y a plus qu'à manœuvrer. Faut voir à mettre à la cape.

Il sort.

LE MAITRE

Allons les gars! A la manœuvre! Amenez le hunier! Range à la hale! Halez bas! Halez bas!

ALONZO

s'approchant

Alors, Maître, où en sommes-nous? Comment se présente la situation?

LE MAITRE

Selon moi, feriez mieux de rester dans vos cabines.

ANTONIO

Il a l'air de mauvais poil, interrogeons plutôt le capitaine. Maître! Où est le capitaine? Il était là il y a une seconde et le voilà disparu!

A vos niches que j'vous dis! Faudrait quand même voir à ne pas gêner ceux qui travaillent!

GONZALO

Brave homme, je comprends votre énervement, mais le propre d'un homme est de savoir se dominer dans toutes les situations, même les plus énervantes.

LE MAITRE

Écrasez, que j'vous dis! Si vous tenez à vos carcasses, allez vous pagnoter dans vos cabines de luxe.

GONZALO

Dites donc, l'ami! Vous semblez ne pas très bien vous rendre compte à qui vous parlez!

Faisant les présentations

Le frère du Roi, la fille du Roi, et moi-même, le conseiller du Roi!

LE MAITRE

Le Roi! Le Roi! Eh bien, il y en a un qui se fout du Roi comme de toi et moi, il s'appelle le Vent! Sa Majesté le Vent! Pour le moment, c'est lui qui commande et nous sommes ses sujets!

GONZALO

Si c'est là l'infernal nocher, il faut avouer qu'il est bien mal embouché!

ANTONIO

En un certain sens, le gaillard me ragaillardit. Nous en réchapperons, vous verrez, car il n'a pas mine de noyé mais gueule de pendu.

15

SÉBASTIEN

Le résultat est le même. Si nous échappons aux poissons, il n'échappera pas aux corbeaux.

GONZALO

Il m'a fort irrité! Cependant je plaiderai pour lui les circonstances atténuantes. Il faut bien dire qu'il ne manque ni de courage ni d'entrain.

Rentre le maître d'équipage.

LE MAITRE

Range à haler les bonnettes! Et venez au vent, timonier, au vent, tout au vent!

Rentrent Sébastien, Antonio, Gonzalo.

LE MAITRE

Encore vous! Si vous continuez à venir nous emmerder ici au lieu d'aller faire vos patenôtres, je laisse là tout en plan et vous abandonne la manœuvre. Entre Belzébuth et vos âmes, ne comptez plus sur moi pour m'interposer.

ANTONIO

C'est intolérable! Ce gueulard abuse par trop de la situation!

LE MAITRE

Au vent, tout au vent!

Vent et éclairs.

SÉBASTIEN

Ho! ho!

GONZALO

Vous avez vu? Au sommet des mâts, à l'embranchement des vergues, au hauban, cette lèpre de feu qui court, qui court, légère et bleue? On a bien raison de dire que ce sont des pays merveilleux. Rien de commun avec nos pays d'Europe. Vous avez remarqué? Même leurs éclairs sont différents!

ANTONIO

Peut-être est-ce un avant-goût de l'enfer qui s'apprête à nous dévorer.

GONZALO

Je vous trouve pessimiste. Moi, en tout cas, toute ma vie, je me suis tenu prêt à entrer dans le sein du Seigneur.

A ce moment entrent les matelots.

LES MATELOTS

Malédiction! Nous sombrons!

Chant des passagers : « Plus près de toi, mon Dieu, plus près de toi. »

LE MAITRE

Lofez! Lofez tout! Lof sur lof!

FERDINAND

entrant

Hélas! L'enfer est vide, et tous les diables sont ici!

Le bateau sombre.

Scène 2

MIRANDA

Mon Dieu! Mon Dieu! Un vaisseau qui coule! Père, père, au secours!

PROSPERO

accourant, un porte-voix en main

Allons, petite fille! Du calme! Du calme, voyons! Spectacle! Du spectacle! Rien de bien méchant dans tout cela. D'ailleurs, tout ce qui arrive là, c'est pour ton bien. Fais-moi confiance. Je n'en dirai pas plus.

MIRANDA.

Un si beau vaisseau! Et tant de vies, belles et braves, sombrées, englouties, roulées aux varechs... Il faudrait qu'il fût plus dur qu'un rocher, pour que le cœur n'en soit pas déchiré!

PROSPERO

Engloutis! Engloutis... Hum! C'est à voir... Tiens, approche, petite Princesse, le moment est venu. Eh oui, Princesse!

MIRANDA

Vous vous moquez, mon père, sauvageonne je suis, et m'en voyez fort aise! Quelque chose comme la reine des pistils, des pistes et des eaux vives, toujours à courir pieds nus parmi les épines et les fleurs, respectée des unes et caressée des autres.

PROSPERO

Princesse, comment appeler autrement une fille de Prince! Je ne veux pas te faire languir plus longtemps. Milan est la cité où tu naquis, Milan dont je fus longtemps le Duc.

MIRANDA

Mais alors, comment sommes-nous arrivés ici? Par suite, dites, de quels avatars un prince est-il devenu, reclus dans cette île perdue, l'anachorète que voici? Dégoût du monde, ou perfidie d'ennemi? Prison ou Thébaïde? Bien des fois tu allumes ma curiosité, puisses-tu la satisfaire aujourd'hui tout entière.

PROSPERO

C'est un peu de tout cela à la fois qu'il s'agit. Et d'abord d'inimitiés politiques, d'intrigues aussi, d'un cadet ambitieux. Antonio est le nom de ton oncle, Alonso celui du convoiteux roi de Naples. Comment leurs ambitions se conjuguèrent, comment mon frère devint le complice de mon rival, comment celui-ci promit à celui-là sa protection en même temps que mon trône, le diable seul sait comment ces choses s'arrangèrent. Quoi qu'il en soit, quand ils surent que par mes calculs, j'avais situé avec précision ces terres qui depuis des siècles sont promises à la quête de l'homme, et que je commençais mes préparatifs pour en prendre possession, ils ourdirent un complot pour me voler cet empire à naître. Ils subornèrent mes gens, dérobèrent mes papiers, et pour se débarrasser de moi me dénoncèrent à l'Inquisition comme magicien et sorcier. Bref, un jour, je vis arriver au palais des gens à qui je n'avais point donné audience : les prêtres du Saint-Office.

On voit rétrospectivement un « fratre » lisant un rouleau de parchemin devant Prospero en habit ducal.

20

« La très Sainte Inquisition pour l'intégrité de la foi et la poursuite de la perversité hérétique, agissant par délégation spéciale du Saint-Siège apostolique, informé des erreurs que tu professes, insinues et publies contre Dieu et la Création quant à la forme de la terre et à la possibilité de découvrir d'autres terres, alors qu'il est avéré que le Prophète Isaïe nous apprend que le Seigneur est assis sur le cercle du monde, qu'en son milieu se trouve Jérusalem et qu'au-delà de ce monde se trouve l'inaccessible Paradis, convaincue que c'est sciemment, méchamment et malencontreusement que tu cites pour soutenir ton hérésie, Strabon, Ptolémée, l'auteur tragique Sénèque, accréditant ainsi l'idée qu'il peut y avoir dans les écritures profanes une autorité capable de contester avec succès ce qu'il y a de plus probant dans les Saintes Écritures, attendu l'usage notoire auquel tu te livres de main diurne et nocturne, de calculs arabiques, de grimoires hébraïques, syriaques et autres langues démoniaques, attendu enfin que tu n'as jusqu'ici échappé au châtiment que parce que te couvrant d'une autorité temporelle, sinon usurpée, du moins transformée, par l'usage que tu en as fait, en tyrannie, te démet provisoirement de tes titres, charges et honneurs, et ce, afin qu'il soit procédé contre toi, et selon les formes en vigueur, à ample et rigoureux examen, ce pourquoi te requérons de nous suivre. »

PROSPERO

reprenant son récit

Cependant, le procès dont on me flattait n'eut pas lieu. Tant ces êtres de nuit craignent la lumière. Bref, ils choisirent, non de me tuer, mais pire, de m'abandonner avec toi sur une île déserte.

MIRANDA

C'est affreux! Que le monde est méchant! Quelles épreuves ont dû être les tiennes!

Dans cette histoire de félonie et de trahison, un seul nom honorable à citer : celui de l'excellent Gonzalo, conseiller du Roi de Naples, et digne de servir un meilleur maître. Me pourvoyant de vivres et de vêtements, m'apportant ici mes livres, mes instruments, il fit tout pour nous rendre supportable cet habitacle grossier.

Or, voici que par un singulier accident, la Fortune vient d'amener sur ces rivages les hommes du complot. D'ailleurs, ma science prophétique me l'avait depuis longtemps prédit, qu'après s'être emparé en Europe de mes biens, ils ne s'arrêteraient pas en si bel appétit, et que, leur avidité prenant le pas sur leur couardise, ils affronteraient l'océan et cingleraient pour leur compte vers les terres pressenties par mon génie. C'est ce que je ne pouvais laisser faire sans réagir, et ayant pouvoir de l'empêcher, je le fis, aidé d'Ariel. Nous manigançâmes la tempête à laquelle tu viens d'assister, qui préserve mes biens d'outre-mer et met en même temps ces sacripants en ma possession.

Entre Ariel.

PROSPERO

Alors, Ariel?

ARIEL

Mission accomplie.

PROSPERO

Bravo! Du beau travail! Mais qu'est-ce qui t'arrive? Je te complimente et tu n'as pas l'air content. Fatigué?

ARIEL

Fatigué non pas, mais dégoûté. Je vous ai obéi, mais pourquoi le cacher, la mort au cœur. C'était pitié de voir sombrer ce grand vaisseau plein de vie.

PROSPERO

Allons bon! Ta crise! C'est toujours comme ça avec les intellectuels!... Et puis zut! Ce qui m'intéresse, ce ne sont pas tes transes, mais tes œuvres. Partageons : Je prends pour moi ton zèle et te laisse tes doutes. D'accord?

ARIEL

Maître, je vous demande de me décharger de ce genre d'emploi.

PROSPERO

criant

Écoute une fois pour toutes. J'ai une œuvre à faire, et je ne regarderai pas aux moyens!

ARIEL

Vous m'avez mille fois promis ma liberté et je l'attends encore.

PROSPERO

Ingrat, qui t'a délivré de Sycorax? Qui fit bâiller le pin où tu étais enfermé et te délivras?

ARIEL

Parfois je me prends à le regretter... Après tout j'aurais peut-être fini par devenir arbre... Arbre, un des mots qui m'exaltent! J'y ai pensé souvent : Palmier! Fusant très haut une nonchalance où nage une élégance de poulpe. Baobab! Douceur d'entrailles des monstres! Demande-le plutôt à l'oiseau calao qui s'y claustre une saison. Ceiba! Éployé au soleil fier! Oiseau! Les serres plantées dans le vif de la terre!

PROSPERO

Écrase! Je n'aime pas les arbres à paroles. Quant à ta liberté, tu l'auras, mais à mon heure. En attendant, occupe-toi du vaisseau. Moi, je vais toucher deux mots au sieur Caliban. Celui-là, je l'ai à l'œil, il s'émancipe un peu trop.

Il appelle

... Caliban! Caliban!

Il soupire.

Caliban entre.

CALIBAN

Uhuru!

PROSPERO

Qu'est-ce que tu dis?

CALIBAN

Je dis Uhuru!

PROSPERO

Encore une remontée de ton langage barbare. Je t'ai déjà dit que je n'aime pas ça. D'ailleurs, tu pourrais être poli, un bonjour ne te tuerait pas!

CALIBAN

Ah! J'oubliais... Bonjour. Mais un bonjour autant que possible de guêpes, de crapauds, de pustules et de fiente. Puisse le jour d'aujourd'hui hâter de dix ans le jour où les oiseaux du ciel et les bêtes de la terre se rassasieront de ta charogne!

PROSPERO

Toujours gracieux je vois, vilain singe! Comment peut-on être si laid!

CALIBAN

Tu me trouves laid, mais moi je ne te trouve pas beau du tout! Avec ton nez crochu, tu ressembles à un vieux vautour!

Il rit.

Un vieux vautour au cou pelé!

PROSPERO

Puisque tu manies si bien l'invective, tu pourrais au moins me bénir de t'avoir appris à parler. Un barbare! Une bête brute que j'ai éduquée, formée, que j'ai tirée de l'animalité qui l'engangue encore de toute part!

CALIBAN

D'abord ce n'est pas vrai. Tu ne m'as rien appris du tout. Sauf, bien sûr à baragouiner ton langage pour comprendre tes ordres : couper du bois, laver la vaisselle, pécher le poisson, planter les légumes, parce que tu es bien trop fainéant pour le faire. Quant à ta science, est-ce que tu me l'as jamais apprise, toi? Tu t'en es bien gardé! Ta science, tu la gardes égoïstement pour toi tout seul, enfermée dans les gros livres que voilà.

PROSPERO

Sans moi, que serais-tu?

CALIBAN

Sans toi? Mais tout simplement le roi! Le roi de l'île! Le roi de mon île, que je tiens de Sycorax, ma mère.

PROSPERO

Il y a des généalogies dont il vaut mieux ne pas se vanter. Une goule! Une sorcière dont, Dieu merci, la mort nous a délivrés!

CALIBAN

Morte ou vivante, c'est ma mère et je ne la renierai pas! D'ailleurs, tu ne la crois morte que parce que tu crois que la terre est chose morte... C'est tellement plus commode! Morte, alors on la piétine, on la souille, on la foule d'un

25

pied vainqueur! Moi, je la respecte, car je sais qu'elle vit,
et que vit Sycorax.
Sycorax ma mère!
Serpent! Pluie! Éclairs!
Et je te retrouve partout :
Dans l'œil de la mare qui me regarde, sans ciller,
à travers les scirpes.
Dans le geste de la racine tordue et son bond qui attend.
Dans la nuit, la toute-voyante aveugle,
la toute-flaireuse sans naseaux!
... D'ailleurs souvent par le rêve elle me parle et m'avertit...
Tiens, hier encore, lorsque je me voyais à plat ventre sur le
bord du marigot, lapant une eau fangeuse, et que la Bête
s'apprêtait à m'assaillir, un bloc de rocher à la main.

PROSPERO

En tout cas, si tu continues, ta sorcellerie ne te mettra pas
à l'abri du châtiment.

CALIBAN

C'est ça! Au début, Monsieur me cajolait : Mon cher Caliban
par çi, mon petit Caliban par là! Dame! Qu'aurais-tu fait
sans moi, dans cette contrée inconnue? Ingrat! Je t'ai appris
les arbres, les fruits, les oiseaux, les saisons, et maintenant
je t'en fous... Caliban la brute! Caliban l'esclave! Recette
connue! l'orange pressée, on en rejette l'écorce!

PROSPERO

Oh!

CALIBAN

Je mens, peut-être? C'est pas vrai que tu m'as fichu à la
porte de chez toi et que tu m'as logé dans une grotte infecte?
Le ghetto, quoi!

PROSPERO

Le ghetto, c'est vite dit! Elle serait moins « ghetto » si
tu te donnais la peine de la tenir propre! Et puis il y a une

26

chose que tu as oublié de dire, c'est que c'est ta lubricité qui m'a obligé de t'éloigner. Dame! Tu as essayé de violer ma fille!

CALIBAN

Violer! violer! Dis-donc, vieux bouc, tu me prêtes tes idées libidineuses. Sache-le : Je n'ai que faire de ta fille, ni de ta grotte, d'ailleurs. Au fond, si je rouspète, c'est pour le principe, car ça ne me plaisait pas du tout de vivre à côté de toi : tu pues des pieds!

PROSPERO

Mais je ne t'ai pas appelé pour discuter! Ouste! Au travail! Du bois, de l'eau, en quantité! Je reçois du monde aujourd'hui.

CALIBAN

Je commence à en avoir marre! Du bois, il y en a un tas haut comme ça!

PROSPERO

Caliban, j'en ai assez! Attention! Si tu rouspètes, la trique! Et si tu lanternes, ou fais grève, ou sabotes, la trique! La trique, c'est le seul langage que tu comprennes; eh bien, tant pis pour toi, je te le parlerai haut et clair. Dépêche-toi!

CALIBAN

Bon! J'y vais... mais pour la dernière fois. La dernière, tu entends! Ah! j'oubliais... j'ai quelque chose d'important à te dire.

PROSPERO

D'important? Alors, vite, accouche.

CALIBAN

Eh bien, voilà : j'ai décidé que je ne serai plus Caliban.

27

PROSPERO

Qu'est-ce que cette foutaise? Je ne comprends pas!

CALIBAN

Si tu veux, je te dis que désormais je ne répondrai plus au nom de Caliban.

PROSPERO

D'où ça t'est venu?

CALIBAN

Eh bien, y a que Caliban n'est pas mon nom. C'est simple!

PROSPERO

C'est le mien peut-être!

CALIBAN

C'est le sobriquet dont ta haine m'a affublé et dont chaque rappel m'insulte.

PROSPERO

Diable! On devient susceptible! Alors propose... Il faut bien que je t'appelle! Ce sera comment? *Cannibale* t'irait bien, mais je suis sûr que tu n'en voudras pas! Voyons, Hannibal! Ça te va! Pourquoi pas! Ils aiment tous les noms historiques!

CALIBAN

Appelle-moi X. Ça vaudra mieux. Comme qui dirait l'homme sans nom. Plus exactement, l'homme dont on a *volé* le nom. Tu parles d'histoire. Eh bien ça, c'est de l'histoire, et fameuse! Chaque fois que tu m'appelleras, ça me rappellera le fait fondamental, que tu m'as tout volé et jusqu'à mon identité! Uhuru!

Il se retire.

Entre Ariel en nymphe marine.

Mon cher Ariel, tu as vu comme il m'a regardé, cette lueur dans ses yeux? Ça c'est nouveau. Eh bien, je te le dis, Caliban, voilà l'ennemi. Quant aux gens du vaisseau, mes sentiments à leur égard ont changé. Effraye-les, j'y consens. Mais, par Dieu, qu'il ne soit pas touché à un seul de leurs cheveux! Tu m'en réponds sur ta tête!

ARIEL

J'ai trop souffert d'avoir dû être l'agent de leurs souffrances pour ne pas applaudir à votre miséricorde. Comptez sur moi, Maître.

PROSPERO

Oui, quelque grands que soient leurs crimes, s'ils s'en repentent, assure-les de mon pardon : ce sont gens de ma race, et de haut rang. Moi-même, je suis à un âge où, par-delà disputes et querelles, il faut songer à bâtir l'avenir. J'ai une fille. Alonso a un fils. Qu'ils s'aiment, j'y consens. Que Ferdinand épouse Miranda, et que ce mariage ramène parmi nous la concorde et la paix. Tel est mon plan. Je veux qu'on l'exécute. Quant à Caliban, qu'importe ce que peut machiner contre moi ce scélérat. Toute la noblesse d'Italie, Naples et Milan désormais confondues, me fera rempart de son corps. Va!

ARIEL

Bien, Maître. Tes ordres seront exécutés en tous points.

Ariel chantant

> *Alezan des sables*
> *leur morsure*
> *Mouroir des vagues*
> *langueur pure.*
> *Où s'épuise la vague.*
> *tous ici venez,*

29

par la main vous tenez
et dansez.

Blondeur des sables,
leur brûlure!
langueur des vagues
Mouroir pur.
Ici des lèvres lèchent et pourlèchent
nos blessures.

FERDINAND

Quelle est cette musique? Je l'ai suivie jusqu'ici et voici qu'elle s'arrête... Non, elle recommence...

Ariel chantant

> *Une flottaison s'achève...*
> *Rien n'est, tout devient...*
> *La saison est proche et étrange.*
>
> *Pure prunelle est perle fine*
> *Cœur corail, os madrépore*
> *Ici s'achève la flottaison*
> *Selon en nous la mue marine.*

FERDINAND

Qui vois-je? Une déesse? Une mortelle?

MIRANDA

Et moi, je vois à qui j'ai affaire : à un complimenteur. Faire des compliments dans la situation dans laquelle vous vous trouvez, jeune homme, prouve du moins votre courage. Qui êtes-vous?

FERDINAND

Vous le voyez : un pauvre naufragé.

MIRANDA

En tout cas, un naufragé de haute mine!

30

FERDINAND

En d'autre lieux on eût dit « Prince », « fils de Roi »... Mais non, j'allais l'oublier, Roi, hélas! Roi, puisque mon père vient de périr dans le naufrage.

MIRANDA

Pauvre jeune homme! Je voudrais vous dire qu'ici on vous accueille d'un cœur hospitalier et que nous prenons grand part à votre infortune.

FERDINAND

Hélas! Mon père... Serais-je un fils dénaturé? Votre pitié, Mademoiselle, me fait trouver doux mes malheurs les plus grands.

MIRANDA

J'espère que vous vous plairez parmi nous, l'île est si jolie. Je vous montrerai les plages et les forêts, je vous nommerai les fruits et les fleurs, je vous ferai découvrir un monde d'insectes, des lézards de toutes les couleurs, des oiseaux... Oh! Si vous saviez... Les oiseaux!...

PROSPERO

Tout beau, ma fille! Il m'irrite, ce babil qui, je vous l'assure, n'est point de circonstance. C'est faire trop d'honneur à un imposteur. Jeune homme, vous êtes un traître, un espion, un coureur de jupons, en plus! Pas plutôt sauvé des eaux, le voilà qui conte fleurette à la première fille qu'il rencontre! Mais je ne m'en laisserai pas conter, moi. Ça tombe bien, j'ai besoin de bras, tu me serviras d'esclave dans mon hacienda.

FERDINAND

En voyant mademoiselle plus belle qu'une nymphe, je me suis cru Ulysse dans l'île de Nausicaa. Mais à vous entendre, Monsieur, je comprends mieux mon sort, et que je suis tombé en Barbarie dans les mains d'un naufrageur cruel.

Dégainant

Mais un gentilhomme préfère la mort au déshonneur!
Monsieur, je défendrai ma vie avec ma liberté!

PROSPERO

Pauvre sot! Regarde : ton bras faiblit, tes genoux se dérobent! Traître! Je pourrais te tuer!... Mais j'ai besoin de main-d'œuvre. Suis-moi.

ARIEL

Inutile d'insister, jeune homme. Mon maître est un magicien : ni votre fougue ni votre jeunesse ne peuvent rien contre lui. Suivez-nous et obéissez, c'est ce que vous avez de mieux à faire.

FERDINAND

Dieu! Quelle est cette sorcellerie? Vaincu et captif, loin de me rebeller contre mon sort, je trouve doux mon servage. Oh! que ma prison soit à vie si le ciel m'accorde qu'une fois chaque jour, j'aperçoive le visage du soleil, le visage de mon soleil. Adieu, Nausicaa.

Ils sortent.

Acte II

Scène 1

*Grotte de Caliban. Caliban est en train de travailler en
chantant, quand Ariel survient. Il l'écoute un moment.*

CALIBAN

(*chantant*)

*Qui mange son maïs sans songer à Shango
Mal lui en prend! Sous son ongle se glisse Shango
et toute la part il prend!
Shango Shango ho!*

*Ne lui offrez pas de siège! A votre guise!
C'est sur votre nez qu'il prendra son assise!*

*Pas une place sous votre toit! C'est votre affaire!
Le toit, il le prend de force et s'en couvre la tête!
Qui veut en conter à Shango
fait mal son compte!
Shango Shango ho!*

ARIEL

Salut, Caliban! Je sais que tu ne m'estimes guère, mais
après tout nous sommes frères, frères dans la souffrance et
l'esclavage, frères aussi dans l'espérance. Tous deux nous
voulons la liberté, seules nos méthodes diffèrent.

CALIBAN

Salut à toi. Ce n'est quand même pas pour me faire cette profession de foi que tu es venu me voir! Allons, Alastor! C'est le vieux qui t'envoie, pas vrai? Beau métier : exécuteurs des haute pensées du Maître!

ARIEL

Non, je viens de moi-même. Je suis venu t'avertir. Prospero médite sur toi d'épouvantables vengeances. J'ai cru de mon devoir de te mettre en garde.

CALIBAN

Je l'attends de pied ferme.

ARIEL

Pauvre Caliban, tu vas à ta perte. Tu sais bien que tu n'es pas le plus fort, que tu ne seras jamais le plus fort. A quoi te sert de lutter?

CALIBAN

Et toi? A quoi t'ont servi ton obéissance, ta patience d'oncle Tom, et toute cette lèche? Tu le vois bien, l'homme devient chaque jour plus exigeant et plus despotique.

ARIEL

N'empêche que j'ai obtenu un premier résultat, il m'a promis ma liberté. A terme, sans doute, mais c'est la première fois qu'il me l'a promise.

CALIBAN

Du flan! Il te promettra mille fois et te trahira mille fois. D'ailleurs, demain ne m'intéresse pas. Ce que je veux, c'est,

il crie

« Freedom now! »

ARIEL

Soit. Mais tu sais bien que tu ne peux l'arracher maintenant et qu'il est le plus fort. Je suis bien placé pour savoir ce qu'il a dans son arsenal.

CALIBAN

Le plus fort? Qu'en sais-tu? La faiblesse a toujours mille moyens que seule la couardise nous empêche d'inventorier.

ARIEL

Je ne crois pas à la violence.

CALIBAN

A quoi crois-tu donc? A la lâcheté? A la démission? A la génuflexion? C'est ça! On te frappe sur la joue droite, tu tends la joue gauche. On te botte la fesse gauche, tu tends la fesse droite; comme ça, pas de jaloux. Eh bien, très peu pour Caliban!

ARIEL

Tu sais bien que ce n'est pas ce que je pense. Ni violence, ni soumission. Comprends-moi bien. C'est Prospero qu'il faut changer. Troubler sa sérénité jusqu'à ce qu'il reconnaisse enfin l'existence de sa propre injustice et qu'il y mette un terme.

CALIBAN

Oh là là! Laisse-moi rigoler! La conscience de Prospero! Prospero est un vieux ruffian qui n'a pas de conscience.

ARIEL

Justement, il faut travailler à lui en donner une. Je ne me bats pas seulement pour ma liberté, pour notre liberté, mais aussi pour Prospero, pour qu'une conscience naisse à Prospero. Aide-moi, Caliban.

CALIBAN

Dis donc, mon petit Ariel, des fois, je me demande si tu n'es pas cinglé! Que la conscience naisse à Prospero? Autant

37

se mettre devant une pierre et attendre qu'il lui pousse des fleurs!

Tu me désespères. J'ai souvent fait le rêve exaltant qu'un jour, Prospero, toi et moi, nous entreprendrions, frères associés, de bâtir un monde merveilleux, chacun apportant en contribution ses qualités propres : patience, vitalité, amour, volonté aussi, et rigueur, sans compter les quelques bouffées de rêve sans quoi l'humanité périrait d'asphyxie.

Tu n'as rien compris à Prospero. C'est pas un type à collaborer. C'est un mec qui ne se sent que s'il écrase quelqu'un. Un écraseur, un broyeur, voilà le genre! Et tu parles de fraternité!

Alors, que reste-t-il? La guerre? Et tu sais qu'à ce jeu-là Prospero est imbattable.

Mieux vaut la mort que l'humiliation et l'injustice... D'ailleurs, de toute manière, le dernier mot m'appartiendra... A moins qu'il n'appartienne au néant. Le jour où j'aurai le sentiment que tout est perdu, laisse-moi voler quelques barils de ta poudre infernale, et cette île, mon bien, mon œuvre, du haut de l'empyrée où tu aimes planer, tu la verras sauter dans les airs, avec, je l'espère, Prospero et moi dans les débris. J'espère que tu goûteras le feu d'artifice : ce sera signé Caliban.

Chacun de nous entend son tambour. Tu marches au son du tien. Je marche au son du mien. Je te souhaite du courage, mon frère.

Adieu, Ariel, je te souhaite bonne chance, mon frère.

Scène 2

GONZALO

Magnifique pays! Le pain est suspendu aux arbres, et l'abricot y est plus gros qu'un lourd tétin de femme.

SÉBASTIEN

Dommage que la terre y soit si fauve, par endroits.

GONZALO

Oh! Qu'à cela ne tienne! Si poison il y a, je suis sûr que le contrepoison est à côté, tant la nature se complaît à l'harmonie. Tenez, j'ai lu quelque part que pour la stérilité des sols, le guano est excellent.

SÉBASTIEN

Le guano, qu'est-ce que c'est que cet animal? N'est-ce pas de l'iguane que vous voulez parler?

GONZALO

Jeune homme, si je dis *guano*, c'est que je veux dire *guano*. Oui, guano est le nom de la fiente d'oiseaux accumulée depuis des siècles et qui est bien le plus merveilleux fertilisant que l'on connaisse. C'est dans les grottes que ça se niche... Il faudrait, à mon sens, prospecter une à une toutes les grottes de cette île pour voir s'il s'en trouve, auquel cas ce pays, sous une sage direction, sera plus riche que l'Égypte avec son Nil.

39

ANTONIO

Si je comprends bien, votre grotte de guano est un fleuve de fiente desséchée.

GONZALO

Pour continuer votre métaphore, il suffit d'irriguer, si je puis dire, les champs de cette merveilleuse matière fécale, et tout fleurit.

SÉBASTIEN

Faut-il encore qu'il y ait des bras pour les cultiver. Est-ce que seulement cette île est habitée?

GONZALO

Évidemment, tout le problème est là. Mais si elle l'est, ça ne peut être que par des gens merveilleux. C'est clair : une terre merveilleuse ne peut porter que des êtres merveilleux.

ANTONIO

Oui!

> *Des hommes dont le corps est mince et vigoureux*
> *Et des femmes dont l'œil par sa franchise étonne...*

GONZALO

Il y a de ça! Je vois que vous connaissez vos auteurs. Seulement, dans ce cas, attention. Cela nous imposerait, à nous, de nouveaux devoirs.

SÉBASTIEN

Comment l'entendez-vous?

GONZALO

Je veux dire que si l'île est habitée, comme je le pense, et que nous la colonisons, comme je le souhaite, il faudra se garder comme de la peste d'y apporter nos défauts, oui, ce que nous appelons la civilisation. Qu'ils restent ce qu'ils sont : des sauvages, de bons sauvages, libres, sans complexes ni complications. Quelque chose comme un réservoir d'éternelle jouvence où nous viendrions périodiquement rafraîchir nos âmes vieillies et citadines.

ALONSO

A la fin, Monsieur Gonzalo, quand donc cesserez-vous de jacasser?

GONZALO

Oh! Majesté, si je vous importune, je m'arrête. Ce que j'en disais, c'était pour vous divertir et distraire le cours trop triste de vos malheureuses pensées. Chut! Je me tais. D'ailleurs, mes vieux os n'en peuvent plus. Ouf! Je m'assieds, avec votre permission, bien entendu.

ALONSO

Noble vieillard, quoique plus jeune, nous sommes logé à la même enseigne.

GONZALO

Alors, vous êtes crevé! Crevé de fatigue et de faim.

ALONSO

Je n'ai jamais prétendu être au-dessus de l'humaine condition!

Musique étrange et solennelle.

... Écoutez! Écoutez! Vous avez entendu?

GONZALO

Oui, c'est une étrange harmonie!

Prospero entre, invisible. Entrent également des figures bizarres qui apportent une table servie. Elles dansent et invitent gracieusement le Roi et sa suite à manger, puis elles disparaissent.

41

ALONSO

Protégez-nous! Ciel! Des marionnettes vivantes!

GONZALO

Quelle grâce! Quelle musique! Hum! Tout cela est bien étrange!

SÉBASTIEN

Disparus! Évanouis! Mais qu'importe, puisqu'ils ont laissé leurs victuailles. Jamais repas n'est tombé plus à propos. A table, Messieurs!

ALONSO

Oui, prenons part à ce banquet, dût-il être notre dernier repas.

Ils s'apprêtent à manger, mais les lutins rentrent et, avec force contorsions et grimaces, emportent la table.

GONZALO

Oh Oh! En voilà des façons!

ALONSO

Je crois bien que nous sommes tombés entre les mains de puissances qui jouent avec nous au chat et à la souris. C'est une cruelle manière de nous faire sentir notre dépendance.

GONZALO

Au point où en sont les choses, il n'y a pas à s'étonner et il ne servirait à rien de nous révolter.

De nouveau les lutins rentrent, rapportant le repas.

ALONSO

Oh! non, cette fois, on ne m'y prendra plus!

SÉBASTIEN

Affamé comme je suis, je fais taire mes scrupules.

GONZALO

à Alonso

Pourquoi ne pas essayer? Peut-être qu'à voir nos mines déçues, les Puissances dont nous dépendons ont-elles eu pitié de nous. Après tout, Tantale, cent fois déçu, recommençait cent fois.

ALONSO

Aussi bien était-ce là son supplice. Je ne toucherai pas à ce repas.

PROSPERO

invisible

Je n'aime pas ce refus, Ariel. Tourmente-les jusqu'à ce qu'ils mangent.

ARIEL

Pourquoi nous mettre en frais pour eux? S'ils ne mangent pas, ils en seront quittes pour mourir de faim.

PROSPERO

Non, je veux qu'ils mangent.

ARIEL

C'est du despotisme. Ce que tout à l'heure, vous m'avez obligé à dérober à leurs bouches avides, maintenant qu'ils le refusent, vous êtes prêt à les en gaver de force.

PROSPERO

Trêve de raisonnement! Mon humeur est changée! Ils me léseraient de ne point manger. Qu'ils se sentent manger dans ma main comme des poussins. C'est une marque de soumission que j'exige d'eux.

ARIEL

C'est mal de jouer avec leur faim comme avec leurs angoisses et leurs espérances.

43

PROSPERO

C'est à cela que se mesure la puissance. Je suis la *Puissance*.

Alonso et sa suite mangent.

ALONSO

Hélas, quand je pense...

GONZALO

C'est là votre mal, Seigneur : Vous pensez trop.

ALONSO

Ainsi donc, je ne pourrai même plus penser à mon fils perdu!
A mon trône! A ma patrie!

GONZALO

mangeant

Votre fils! Qui dit que vous ne le retrouverez pas! Quant
au reste... Voyez-vous, Seigneur, cet habitacle est désormais
pour nous le monde. Pourquoi chercher au-delà? Si vos
pensées sont trop larges, il n'y a qu'à couper dans vos
pensées.

Ils mangent.

ALONSO

Soit! Mais j'aime encore mieux dormir. Dormir et oublier.

GONZALO

A la bonne heure! Suspendons nos hamacs!

Ils s'endorment.

Scène 3

ANTONIO

Regardez-les, ces croulants, ces gluants, tout pris dans les rets de leur morve et de leur catarrhe : Idiots et visqueux, on dirait des méduses échouées.

SÉBASTIEN

Chut! C'est le Roi. Et cette barbe chenue, c'est son vénérable conseiller.

ANTONIO

Le Roi est celui qui veille, quand dort le troupeau. Celui-là ne veille pas. Ergo, ce n'est pas le Roi.

Brusquement

C'est n'avoir pas de sang dans les veines que de voir dormir un roi sans que ça vous donne certaines idées...

SÉBASTIEN

Il faut croire que je n'ai pas de sang, mais de l'eau.

ANTONIO

Ne calomnions pas l'eau. Je ne m'y suis jamais miré que je ne m'y sois découvert plus beau, plus essentiel. Mon eau m'a toujours donné ma grandeur, ma vraie grandeur, non celle que les hommes me prêtent.

SÉBASTIEN

Alors, disons que je suis une eau stagnante.

ANTONIO

L'eau ne stagne jamais. Elle travaille, elle nous travaille. C'est elle qui donne à l'homme sa dimension, la vraie. Croyez-moi, vous avez tort de ne pas profiter de l'occasion qui s'offre. Elle ne se présentera peut-être jamais plus.

SÉBASTIEN

Où voulez-vous en venir? Je crains de deviner.

ANTONIO

Devinez, devinez que diable!... Voyez cet arbre qui balance au vent son panache. Ça s'appelle un cocotier... Mon cher Sébastien, si vous m'en croyez, le moment est venu de secouer le cocotier.

SÉBASTIEN

Je comprends de moins en moins.

ANTONIO

Quelle bourrique! Voyez ma position : Je suis Duc de Milan. Or, je ne l'ai pas toujours été. J'avais un frère aîné. C'était le Duc Prospero. Si maintenant je suis le Duc Antonio, c'est que j'ai su secouer à temps le cocotier.

SÉBASTIEN

Et Prospero?

ANTONIO

Que me demandes-tu là? Quand on secoue un arbre, il faut bien que quelqu'un tombe. Et il faut croire que ce n'est pas moi qui suis tombé, puisque me voici : pour vous aider et vous servir, Majesté !

SÉBASTIEN

Suffit! Mais c'est mon frère! Un scrupule me retient. Charge-toi de lui pendant que j'expédie le vieux Conseiller.

Ils dégainent.

ARIEL

Arrêtez, ruffians! Inutile de résister : vos épées sont enchantées et vous tombent des mains!

ANTONIO, SÉBASTIEN

Malédiction!

ARIEL

Holà! Les dormeurs! Réveillez-vous! Réveillez-vous, vous dis-je. Il y va de votre vie. Avec ces gaillards à longues dents et à longues rapières, qui trop s'endort risque de s'endormir pour longtemps.

Alonso et Gonzalo se réveillent.

ALONSO

se frottant les yeux

Qu'y a-t-il? Je dormais et j'ai fait un rêve bien affreux!

ARIEL

Non, vous ne rêviez pas. Les beaux seigneurs que voici sont des criminels qui s'apprêtaient à perpétrer sur vous leur forfait le plus odieux. Oui, Alonso, admirez qu'un dieu vienne ainsi à votre secours. Plût au ciel que vous l'ayiez mieux mérité!

ALONSO

Je n'ai jamais manqué à la divinité.

Je ne sais ce que cette nouvelle éveillera dans votre âme :
Prospero est le nom de celui qui m'envoie.

ALONSO

Prospero! Grands Dieux!

Il se jette à genoux.

ARIEL

Je comprends votre émotion : il vit. C'est lui qui règne sur
cette île, comme il règne sur les esprits qui peuplent l'air
que vous respirez... Mais relevez-vous... Il n'y a plus lieu
de craindre. Il ne vous a point sauvé pour vous perdre. Votre
repentir lui suffit, car je le vois sincère et profond.

A Antonio et à Sébastien

Quant à vous, Messieurs, le pardon de mon maître vous est
acquis à vous aussi, pourvu que, sachant leur vanité, vous
sachiez renoncer à vos entreprises.

SÉBASTIEN

à Antonio

On pourrait s'en tirer plus mal!

ANTONIO

S'il s'agit des hommes, aucun d'eux ne me fera reculer, mais
quand il s'agit de démons et de magie, il n'y a aucune honte
à se soumettre.

A Ariel

... Nous sommes du Duc les très humbles et très obéissants
serviteurs. Veuillez lui demander de nous recevoir à merci.

GONZALO

Oh! Les scélérates gens! Vous êtes bien bon d'ainsi passer
l'éponge! Messieurs, attention! Pas de repentir du bout des

lèvres! Pas seulement de l'attrition, de la contrition aussi...
Pourquoi me regardez-vous comme si vous ne compreniez
pas? Eh bien : *Attrition* : sentiment intéressé, regret d'avoir
offensé Dieu causé par la crainte des peines. *Contrition* :
Sentiment désintéressé, même regret, mais avec la seule
attention au mécontentement de Dieu.

ARIEL

Honnête Gonzalo, merci de votre mise au point. Votre élo-
quence a facilité ma mission et votre pédagogie l'a abrégée,
car en peu de mots, vous avez exprimé la pensée de mon
maître. Puissiez-vous être entendu!
Aussi, tournons la page! Pour clore cet épisode, il ne me reste
plus qu'à vous convier tous, au nom de mon maître, aux
réjouissances qui doivent marquer aujourd'hui même les
fiançailles de sa fille Miranda. Alonso, j'ai pour vous de
bonnes nouvelles...

ALONSO

Quoi? Mon fils?

ARIEL

Lui-même. Sauvé de la fureur des flots par la grâce de mon
maître.

ALONSO

tombant à genoux

Dieu soit loué! et de cela plus que tout le reste! Rang, fortune, trône, je suis prêt à tout abandonner si mon fils m'est
rendu...

ARIEL

Venez, Messieurs, suivez-moi.

Acte III

Scène 1

FERDINAND

piochant le sol; il chante

> *Mais la vie a changé,*
> *maintenant houe en main*
> *tout le jour je travaille.*

> *A travailler houe en main*
> *je passe mon temps mélancolique...*

CALIBAN

Pauvre petit! Qu'est-ce qu'il dirait s'il était Caliban! Soir et matin. Et s'il chante, c'est :

> « *Ouendé, Ouendé, Ouendé Macaya...* »

Et pas de belle fille pour le consoler!

Voyant Miranda arriver

Voyons, voyons! Écoutons ça!

FERDINAND

chantant

> *Mais la vie a changé,*
> *maintenant houe en main*
> *tout le jour je travaille...*

53

MIRANDA

Pauvre jeune homme! Puis-je vous aider? Vous avez l'air tellement peu fait pour ce genre de travaux!

FERDINAND

Un mot de vous m'aiderait plus que n'importe quelle force au monde.

MIRANDA

De moi? Un mot? En vérité, je ne sais...

FERDINAND

Votre nom. Rien que votre nom!

MIRANDA

Oh! ça, c'est impossible! Père me l'a expressément interdit!

FERDINAND

C'est la seule faveur après quoi je soupire.

MIRANDA

Puisque je vous dit que c'est défendu!

CALIBAN

profitant d'un moment d'inattention de Miranda, souffle à Ferdinand le nom de la jeune fille

Mi-ran-da!

FERDINAND

Alors, je vous nomme et vous baptise. Je vous appelerai Miranda.

MIRANDA

Ah! ça alors! Le vilain tricheur! Vous aurez entendu père m'appeler... A moins que ce ne soit l'affreux Caliban, lequel me poursuit de ses assiduités et hurle mon nom dans ses rêves idiots!

54

FERDINAND

Non, Miranda... Je n'ai fait que laisser parler mes yeux, comme vous votre visage.

MIRANDA

Chut! voilà mon père qui arrive! Faudrait pas qu'il vous surprenne à me raconter vos histoires...

FERDINAND

se remet à travailler en chantant

> *Mais les temps ont changé,*
> *maintenant, soir et matin*
> *à travailler je passe mon temps mélancolique!*

PROSPERO

C'est bien, jeune homme! Le rendement n'est pas mauvais pour un commencement. Je vois que je vous avais mal jugé. Mais vous ne perdez rien à bien me servir. Voyez-vous, mon jeune ami, dans la vie, trois choses : Travail, Patience, Continence, et le monde est à vous... Dis donc, Caliban, j'emmène ce garçon. Il en a assez fait pour aujourd'hui. Comme le travail est pressé, veille à le terminer.

CALIBAN

Moi?

PROSPERO

Eh oui! Toi! Tu m'as assez volé de ton temps, à paresser et à baguenauder pour qu'une fois tu travailles double ration.

CALIBAN

Je ne vois pas pourquoi je ferais le boulot d'un autre!

PROSPERO

Qui est-ce qui commande ici? Toi ou moi? Monstre, si tu as un poil dans la main, compte sur moi pour te l'arracher.

Prospero et Ferdinand s'éloignent.

CALIBAN

Va, va... Je t'aurai bien un jour, fumier!

Il se remet au travail en chantant :

« *Ouendé, Ouendé, Ouendé Macaya...* »

Merde, la pluie! Il ne manquait plus que ça!

Brusquement, une voix, Caliban sursaute.

Tu entends, fiston, cette voix à travers l'orage... Bah! C'est Ariel... Non, c'est pas sa voix... Alors quoi? Faut s'attendre à tout avec un gaillard comme Prospero... Un de ses flics, sans doute! Bon! Me voilà bon! Hommes et éléments contre moi! Mais bah! J'ai l'habitude... Patience! Je les aurai. En attendant, cachons-nous... Laissons passer Prospero, son orage, ses flics, et aboyer les sept gueules de la Malédiction!

Scène 2

Entre Trinculo.

TRINCULO

chantant

> *Virginie, les larmes aux yeux,*
> *Je viens te faire mes adieux.*
> *Nous partons pour le Mexique,*
> *Nous allons droit au couchant.*
>
> *Voile au vent, mon cher amant,*
> *ça me cause du tourment.*
> *Il viendra quelque tempête*
> *Et quelque orage grondant*
> *Qui enlèveront tout l'équipage!*

Ça, on peut dire : Ma chère Virginie, foi de Trinculo, en orages grondants, on a été servis, et plus souvent qu'à son tour! Je te jure : Tout l'équipage lessivé, nettoyé, liquidé... Rien... Plus rien... Rien qu'un pauvre Trinculo errant et vagissant! C'est pas pour dire, mais c'est pas demain qu'on m'y reprendra, à quitter les femmes aimantes et les patelins charmants pour aller affronter les orages grondants! Quelle pluie!

Apercevant Caliban sous la brouette

Tiens, un Indien! Mort ou vivant? Avec ces races pas fran-

57

ches, on ne sait jamais... Peuh! De toute manière, ça fait mon affaire! Mort, je m'abrite sous sa souquenille; je m'en fais un manteau, un abri, un parapet. Vivant, je le fais prisonnier et le ramène en Europe, et là, ma parole, ma fortune est faite! Je le vends à un forain. Non! Je l'exhibe moi-même dans les foires! Ça alors, quelle veine! Installons-nous bien au chaud et laissons gronder l'orage!

Il s'installe sous là couverture, dos à dos avec Caliban. Entre Stephano.

STEPHANO

chantant

> *Hardi les gars, vireveau et guindeau,*
> *hardi les gars, adieu Bordeaux,*
> *au Cap Horn, il ne fera pas chaud,*
> *pour faire la pêche au cachalot.*
>
> *Plus d'un y laissera sa peau,*
> *adieu misère, adieu bateau.*
> *ceux qui reviendront pavillon haut,*
> *c'est premier brin de matelot.*

Il boit un coup et reprend

> *Hardi les gars, vireveau et guindeau,*
> *hardi les gars, adieu Bordeaux...*

De Bordeaux, heureusement qu'il m'en reste un souvenir dans cette bouteille... De quoi me donner du courage! Confiance, Stephano! Tant qu'il y a de la vie, il y a de la soif... Et réciproquement!

Brusquement, il aperçoit la tête de Caliban qui dépasse sous la couverture.

Foi de Stephano, on dirait un Zindien!

S'approchant

58

Ma parole, c'est bien ça! Un Zindien! Chic alors! Décidément, je suis verni. Pensez donc, un Zindien comme ça, mais c'est du pognon! Exhibé dans une foire! Entre la femme à barbe et l'éleveur de puces, un Zindien! Un authentique Zindien des Caraïbes! Du fric, que je vous dis, ou je suis le dernier des cons!

Tâtant Caliban

Mais il est tout froid! Je ne sais pas la température du sang zindien, mais celui-là me paraît bien froid! Pourvu qu'il n'aille pas crever! Vous vous rendez compte de la malchance : trouver un Zindien et il crève! Une fortune qui vous file entre les doigts... Mais j'ai une idée... Un bon coup de ce cordial entre les gencives... Ça va le réchauffer.

Il fait boire Caliban.

Tiens, Ça va déjà mieux. On dirait même qu'il en reveut, le petit glouton! Une seconde, une seconde!

Il fait le tour de la brouette et aperçoit la tête de Trinculo qui dépasse sous la couverture.

Zut! Je n'ai pas la berlue, des fois! Deux gueules! Un Zindien à deux gueules! Merde! à abreuver ces deux entonnoirs, il ne restera plus grand-chose dans ma bouteille! Mais n'importe! Mais n'importe! C'est formidable! Un Zindien simple, c'est déjà quelque chose, mais un Zindien à deux gueules, un Zindien frère siamois, un Zindien à deux gueules et huit pattes, ça alors! Ma fortune est faite! Allons, beau monstre, tends ta deuxième gueule!

Il s'approche de Trinculo.

Tiens, tiens! Cette gueule me dit quelque chose! Ce nez qui luit comme un phare...

TRINCULO

Ce ventre...

STEPHANO

Ce nez me dit quelque chose.

TRINCULO

Ce ventre, il n'y en a pas deux pareils dans ce bas monde!

STEPHANO

Mille millions de bons dieux! J'y suis! C'est cette fripouille de Trinculo.

TRINCULO

Ma parole, c'est Stephano!

STEPHANO

Alors Trinculo, toi aussi tu en as réchappé... Faut croire qu'il y a un bon dieu pour les ivrognes!...

TRINCULO

Eh oui! C'est le Dieu Tonneau... C'est en flottant sur un tonneau que j'ai abordé cette terre hospitalière.

STEPHANO

Moi, sur mon ventre, c'est un peu la même chose. Mais quel est cet être? N'est-ce pas un Zindien?

TRINCULO

C'est bien ce que je me disais... Oui, ma foi, un Indien. C'est une chance, il nous conduira.

STEPHANO

Il n'a pas l'air bête, si j'en juge par la pente de son gosier! Je vais entreprendre de le civiliser... Oh! Pas trop! Mais assez pour que nous puissions en tirer parti.

TRINCULO

Le civiliser! Peste! Mais est-ce que seulement il parle?

STEPHANO

Je n'ai pas réussi à lui tirer un mot, mais je sais un moyen de lui délier la langue.

Il tire une bouteille de sa poche.

TRINCULO

l'arrêtant

Dis donc, tu ne vas quand même pas gaspiller cette ambroisie dans la gorge du premier sauvage venu!

STEPHANO

Égoïste... Va! Laisse-moi accomplir ma mission civilisatrice.

Offrant à boire à Caliban

Remarque, un peu dégrossi, il sera de meilleur rapport et pour toi et pour moi. D'accord? On l'exploite en commun? Marché conclu?

A Caliban

... Bois, mon gros. Toi essayer... Bonne bibine!

Caliban boit.

Toi boire encore un coup...

Caliban refuse.

Toi plus soif?

Stephano boit.

... Moi toujours soif!

Stephano et Trinculo boivent.

STEPHANO

Trinculo, j'avais des préjugés contre les naufrages. J'avais tort. C'est pas une mauvaise chose du tout.

TRINCULO

C'est vrai. Une bonne trempette qui, au déjeuner, vous fait mieux apprécier l'apéritif.

STEPHANO

Sans compter qu'il nous débarrasse d'un tas d'hurluberlus qui ont toujours empêché le pauvre monde de vivre! Paix à leurs âmes! Mais tu les aimais, toi, ces Rois, ces Ducs, toute cette noblesse? Je les servais, dame, il faut bien gagner son vin... Mais jamais, tu m'entends, je n'ai pu les blairer. Trinculo, mon ami, je suis un vieux républicain! Oui, c'est pas pour dire, j'ai les tripes républicaines! A bas les tyrans!

TRINCULO

Au fait, tu m'y fais penser. Si, comme tout le laisse supposer, le Roi et le Duc sont morts, il y a sur cette terre une couronne et un trône en déshérence.

STEPHANO

Ma foi, c'est vrai! Génial Trinculo! Eh bien, je m'en fais l'héritier. Je me couronne roi de l'île.

TRINCULO

Ouais! Pourquoi toi? Je suis le premier qui y ai pensé, à cette couronne.

STEPHANO

Dis donc, Trinculo! Non mais des fois! Tu ne t'es pas regardé! Qu'est-ce qu'il faut à un roi? De la prestance. Et moi, c'est pas pour dire, j'ai de la prestance. Ce qui n'est pas le cas pour tout le monde! Donc, je suis le roi!

CALIBAN

Vive le Roi!

STEPHANO

Miracle! Il parle!... Et il parle d'or. Brave sauvage!

Il l'embrasse.

Tu vois, mon cher Trinculo, c'est la Voix du Peuple! Vox populi, vox Dei... Mais je t'en prie, ne te désole pas. Stephano est magnanime et n'abandonnera pas l'ami Trinculo, l'ami des mauvais jours. Trinculo, nous avons mangé ensemble le pain noir, bu ensemble la piquette. Je veux faire quelque chose pour toi. Je te nomme Maréchal. Tu commanderas ma garde personnelle. Mais revenons à notre brave sauvage... Miracle de la Science! Il parle!

CALIBAN

Oui, Monseigneur, l'enthousiasme m'a rendu la parole! Vive le Roi! Mais attention à l'usurpateur!

STEPHANO

L'usurpateur? Qui? Trinculo?

CALIBAN

Non, l'autre! Prospero!

STEPHANO

Prospero? Connais pas.

CALIBAN

Eh bien, il y a que cette île m'appartenait, mais qu'un certain Prospero me l'a prise. Je t'abandonne volontiers tout mon droit... Seulement, il faudra livrer bataille à Prospero.

STEPHANO

Qu'à cela ne tienne, brave monstre. Marché conclu! En deu_
coups de cuiller à pot, je te débarrasse de ce Prospero.

CALIBAN

Attention, il est puissant.

STEPHANO

Mon cher sauvage, des Prospero comme ça, j'en mange tous
les jours une douzaine à mon petit déjeuner. Mais assez
parlé! Trinculo, prends le commandement des troupes!
Marchons à l'ennemi!

TRINCULO

Oui, marchons. Mais auparavant, buvons. Nous aurons
besoin de force et d'enthousiasme.

CALIBAN

Buvons, mes nouveaux amis, et chantons. Chantons le jour
conquis et la fin des tyrans.

Il chante

> *Noir picoreur de la savane*
> *le quiscale arpente le jour nouveau*
> *dru et vif*
> *dans son armure hautaine.*
> *zip! L'incisif colibri*
> *au fond d'une corolle s'éjouit*
> *fera-t-il fou, fera-t-il ivre*
> *lyre rameutant nos délires*
> *la Liberté ohé! La Liberté!*

STEPHANO et TRINCULO

en chœur

> *La Liberté ohé! La Liberté!*

Ramier halte dans ces bois
Errant des îles c'est ici le repos
Le miconia est pillage pur
du sang violet de la baie mûre
de sang de sang barbouille ton plumage
voyageur!
Dans le dos des jours fourbus
qu'on entende
la Liberté ohé! La Liberté!

STEPHANO

Ça va, monstre! Assez de roucoulades. Le chant assoiffe. Buvons plutôt. Encore et encore! La liqueur est porteuse de bravoure.

Se versant une rasade

Fais-nous la voie large, ô vin généreux. Soldats! En avant marche! ... Ou plutôt non! Repos! Le soir tombe, les lucioles se mettent à zigzaguer, les criquets à ho-hoqueter, toutes bêtes bê-kê-kêtent... Puisque nuit il y a, consacrons-la à réparer nos forces quelque peu éprouvées par les trop copieuses... émotions de la journée, et demain à l'aube, d'un jarret rajeuni, nous tombons sur le poil du tyran. Bonne nuit, Messieurs.

Il s'endort et se met à ronfler.

Scène 3

La grotte de Prospero.

PROSPERO

Alors, Ariel! Où sont les dieux et les déesses? Qu'ils se hâtent! Oui, toute ta bande, d'ailleurs! Je veux que tous ils jouent leur rôle dans le divertissement que j'ai imaginé pour nos chers enfants. Que dis-je « divertissement »? Je veux leur donner dès aujourd'hui, leur inculquer le spectacle de ce monde de demain : de raison, de beauté, d'harmonie, dont, à force de volonté, j'ai jeté le fondement. A mon âge, hélas, il faut songer non plus à faire, mais à transmettre. Allons, entrez!

Les dieux et les déesses entrent.

JUNON

A vous honneur et richesse! Longue vie et longue lignée! Ainsi Junon vous chante ses bénédictions.

CÉRÈS

Que disette et besoin s'écarten t de vous! Tel est le vœu de Cérès.

IRIS

faisant signe aux Naïades

Naïades, venez célébrer ici une union d'amour pur.

Les Naïades entrent et dansent.

PROSPERO

Merci, Déesses, et merci à toi, Iris. Merci de vos bons vœux.

Les dieux et les déesses continuent leur ballet.

FERDINAND

Quelle majestueuse vision! Oserais-je croire que ce sont là des esprits!

PROSPERO

Oui! Des esprits que par mon art j'ai fait sortir de leur retraite pour vous saluer et vous bénir!

Entre Eshu.

MIRANDA

Mais quel est celui-ci? Il n'a pas l'air particulièrement bénisseur! Si je ne craignais de blasphémer, je dirais qu'il tient du diable plutôt que du dieu.

ESHU

riant

C'est que vous ne vous trompez pas, ma belle demoiselle. Dieu pour les amis, diable pour les ennemis! Et de la rigolade pour toute la compagnie!

PROSPERO

bas

Ariel se sera trompé. Y aurait-il quelque chose qui grince dans ma magie?

haut

Qu'est-ce que tu es venu faire ici? Qui t'a invité? Je n'aime pas le sans-gêne! Même chez les dieux!

Mais c'est que précisément, personne ne m'a invité... C'est pas gentil, ça! Personne n'a songé au pauvre Eshu! Alors, le pauvre Eshu, il est venu quand même! Hihihi! Dites, on peut boire un coup?

Sans attendre la réponse, il se verse à boire.

... Pas mauvaise, votre boisson! Mais remarquez, j'aime mieux les chiens!

regardant Iris

Je vois que ça surprend la petite dame, mais chacun ses goûts. D'autres préfèrent les poules, d'autres les chèvres. Moi, la volaille, très peu pour moi! Mais si vous avez un chien noir, pensez au pauvre Eshu!

PROSPERO

Va-t'en. Retire-toi! On n'a que faire de tes grimaces et de tes pitreries dans cette noble assemblée.

Il fait une passe magique.

ESHU

On y va, patron, on y va... Mais pas sans avoir poussé la chansonnette en l'honneur de la mariée et de la noble compagnie, comme vous dites.

> *Eshu est un joueur de tours,*
> *sacrifiez à Eshu vingt chiens*
> *afin qu'il ne vous joue des tours de cochon.*
>
> *Eshu joue un tour à la Reine,*
> *Sa Majesté perd la tête, la voilà qui se lève*
> *et dans la rue sort nue*
>
> *Eshu joue un tour à la jeune mariée,*
> *et la voilà qui le jour du mariage*

se trompe de lit et se retrouve
dans le lit d'un homme qui n'est pas le marié!

Eshu! La pierre qu'il a lancée hier
c'est aujourd'hui qu'elle tue l'oiseau.
Du désordre il fait l'ordre, de l'ordre le désordre!
Ah! Eshu est un mauvais plaisant.

Eshu n'est pas une tête à porter des farceaux,
c'est un gaillard à la tête pointue. Quand il danse
il danse sans remuer les épaules.
Ah! Eshu est un luron joyeux!

Eshu est un joyeux luron,
de son pénis il frappe,
Il frappe
Il frappe...

CÉRÈS

Dis donc, Iris, tu ne trouves pas ça obscène, cette chanson?

JUNON

Dégoûtant! C'est intolérable... S'il continue, je sors!

IRIS

C'est Liber ou Priape!

JUNON

Ne prononce pas ce nom devant moi!

ESHU

continuant à chanter

... De son pénis

Il frappe...

JUNON

Ah! Ça! Va-t-on le sortir? Moi, je me retire!

70

Ça va, ça v a... Eshu s'en va... Adieu, mes chères commères!

Les dieux sortent.

PROSPERO

Ouf! Le voilà parti. Mais hélas! Le mal est fait! Je suis tourmenté. Mon vieux cerveau se trouble. Puissance! Puissance! Hélas! Tout cela passera un jour comme l'écume, comme la nuée, comme le monde! Et puis qu'est-ce que la puissance si je ne peux dompter mon inquiétude! Allons! Ma puissance a froid!

Il appelle

Ariel!

ARIEL

accourant

Qu'y a-t-il, Monseigneur?

PROSPERO

Caliban vit, il conspire, il installe sa guérilla et toi, tu ne dis rien... Allons, occupe-toi de lui... Vipères, scorpions, hérissons, toutes bêtes à dard et à venin, ne lui ménage rien. Il lui faut un châtiment exemplaire! Ah! N'oublie pas la boue et les moustiques!

ARIEL

Maître, permettez-moi d'intercéder en sa faveur et de demander votre indulgence... Il faut le comprendre : c'est un révolté.

PROSPERO

Par cette insubordination, c'est tout l'ordre du monde qu'il remet en cause. La Divinité peut s'en moquer, elle! Moi, j'ai le sens de mes responsabilités!

ARIEL

Bien, Maître.

71

Une idée... Fais disposer sur la route que suivent le général Caliban et sa troupe quelques verroteries, de la pacotille, de la friperie aussi, mais éclatante. Les sauvages adorent les vêtements bariolés...

ARIEL

Maître...

PROSPERO

Tu finiras par me fâcher... Il n'y a rien à comprendre... Il y a à châtier. Je ne compose pas avec le mal. Dépêche-toi, si tu ne veux pas mériter à ton tour ma colère.

Sort Ariel.

Scène 4

Dans la nature, fin de la nuit; bourdonnants, les esprits
de la forêt tropicale.

LA VOIX

Mouche!

UNE VOIX

Présent.

LA VOIX

Fourmi!

UNE VOIX

Présent.

LA VOIX

Charognard!

UNE VOIX

Présent.

LA VOIX

Crabe tourteau, Calao, Crabe, Colibri!

VOIX DIVERSES

Présent. Présent. Présent.

Crampe, crime, croc, sarigue!

Kra kra kra.

Gros hérisson, tu nous seras aujourd'hui le soleil. Touffu, griffu, têtu. Qu'il brûle! Lune, ma grasse mygale, ma grosse matoutou-sommeil, va te coucher, mon velours!

chantant

> *Kingué*
> *Kingué*
> *Vonvon*
> *Maloto*
> *Vloum-voum!*

Le soleil se lève, la bande d'Ariel s'évanouit.
Caliban reste un instant à se frotter les yeux.

se lève et fouille les buissons

Faut songer à reprendre la route. Arrière, vipères, scorpions et hérissons! Toutes bêtes piquantes, mordantes et perforantes! A dard! A fièvre! A venin! Arrière! Ou si vous y tenez, pour me lécher, découvrez-vous une langue favorable, tel le crapaud dont la pure bave sait me bercer, propice, des songes charmants du futur. Car c'est pour vous tous, pour nous tous, que j'affronte aujourd'hui l'ennemi commun. Oui, héréditaire et commun... Tiens, un hérisson! Mon doux petit... Qu'un animal, si je puis dire, naturel, s'en prenne à moi le jour ou je pars à l'assaut de Prospero, plus souvent! Prospero, c'est l'anti-Nature. Moi je dis : A bas l'anti-

Nature! Voyez, à ces mots, notre hérisson se hérisse? Non, il rentre ses piquants! C'est ça, la Nature! C'est gentil, en somme! Suffit de savoir lui parler! Allons, la voie est dégagée: En route!

Le groupe se met en marche. Caliban avance en entonnant son chant de guerre :

> *Shango est un manieur de bâton*
> *Il frappe et l'argent meurt!*
> *Il frappe et le mensonge meurt!*
> *Il frappe et le larcin meurt!*
> *Shango Shango ho!*
> *Shango est l'ameuteur de pluies*
> *Bien enveloppé il passe dans son manteau de feu.*
> *Des pavés du ciel le sabot de son cheval*
> *tire des éclairs de feu.*
> *Shango est un grand cavalier*
> *Shango Shango ho!*

On entend le grondement de la mer.

STEPHANO

Dis-moi, brave sauvage, qu'est-ce que c'est, ce bruit? On dirait le grondement d'une bête traquée.

CALIBAN

Non pas traquée, mais tapie... Ne t'en fais pas, c'est ma copine.

STEPHANO

Tu as l'air bien discret sur tes fréquentations.

CALIBAN

Même qu'elle m'aide à respirer... C'est pourquoi je l'appelle une copine. De temps en temps, elle éternue et une goutte me tombe sur le front et me rafraîchit de son sel ou me bénit...

STEPHANO

Comprends pas. Tu ne serais pas saoul, des fois?

CALIBAN

Ben quoi! La houlante, la pas tellement patiente, la ruminante, qui brusquement se réveille dans un tonnerre de Dieu et vous plaque au visage, la lançant des fins fonds de l'abysse, sa gifle de lessive hystérique! La mer, quoi!

STEPHANO

Étrange pays! Étrange baptême!

CALIBAN

Mais le plus beau, c'est encore le vent et ses musiques, le salace hoquet quand il farfouille les halliers, ou son triomphe, quand il passe, brisant les arbres, avec dans sa barbe, les bribes de leurs gémissements.

STEPHANO

Ça! Ce monstre délire à plein tube... Trinculo, pas de chance, notre monstre bat la campagne!

TRINCULO

Moi aussi, je la bats, hélas! Résultat : je suis épuisé! Jamais vu un terrain si glissant! Sauvage, on peut dire qu'il y a de la boue dans ton bled!

CALIBAN

C'est pas de la boue... C'est une invention de Prospero.

TRINCULO

C'est ça, la sauvagerie... Tout est toujours à quelqu'un! Le soleil, c'est le sourire de Prospero. La pluie, c'est la larme à l'œil de Prospero... La boue, je parie que c'est la merde de Prospero. Et les moustiques, qu'est-ce que tu en dis? Zi... Ziii... Tu les entends? J'en ai le visage dévoré!

CALIBAN

C'est pas les moustiques. C'est un gaz qui vous pique le nez, la gorge, et donne des démangeaisons. Encore une invention de Prospero. Ça fait partie de son arsenal.

STEPHANO

Tu dis?

CALIBAN

Ben quoi! Son arsenal anti-émeutes... Il a un tas de trucs comme ça : Pour assourdir, pour aveugler, pour faire éternuer, pour faire pleurer...

TRINCULO

... Pour faire glisser! Diable! Dans quelle aventure tu nous a entraînés! Ouf! j'n'en peux plus! Je m'assieds!

STEPHANO

Je t'en prie, Trinculo, un peu de courage, que diable! Nous sommes dans une guerre de mouvement, et tu sais ce que cela demande : dynamisme, initiative, décision prompte devant les situations nouvelles, et par-dessus tout, mobilité. Allons! Debout! Mobilité!

TRINCULO

Puisque je te dis que j'ai les pieds en sang!

STEPHANO

Debout, ou je t'assomme!

Trinculo se remet en marche.

Mais dis donc, brave monstre, il a l'air drôlement protégé, ton usurpateur. Ça peut être dangereux de l'attaquer!

CALIBAN

Il ne faut pas le sous-estimer. Pas le surestimer non plus...
Il étale sa force, mais surtout pour nous impressionner.

STEPHANO

N'importe, Trinculo, il faut prendre nos précautions.
Axiome : Ne jamais sous-estimer l'ennemi. Tiens, passe-moi
la bouteille. Elle me servira toujours de casse-tête.

*On voit des habits de toutes couleurs suspendus à une
corde.*

TRINCULO

Tu as raison, Stephano. Combattons... Au bout de la victoire,
il y a le butin... En voici les prémices! Les beaux habits que
voilà! Trinculo, mon ami, m'est avis que tu vas enfiler ce
haut-de-chausses qui remplacera très avantageusement ton
pantalon troué.

STEPHANO

Attention, Trinculo, si tu bouges, je t'assomme. Sur ce
haut-de-chausses, en ma qualité de roi, j'ai le droit de
cuissage.

TRINCULO

Mais c'est moi qui l'ai vu le premier!

STEPHANO

Dans tous les pays du monde, le roi se sert le premier.

TRINCULO

Ça, c'est de la tyrannie, Stephano. Je ne me laisserai pas
faire.

Ils se battent.

Laisse donc cela, imbécile, je te parle de dignité à conquérir et non de défroques à emporter!

A lui-même

M'embarrasser de ces coquins! Imbécile que je suis! Comment ai-je pu croire que des ventres et des trognes pourraient faire la Révolution! Mais tant mieux! L'Histoire ne me reprochera pas de n'avoir pas su me libérer tout seul. Prospero, à nous deux!

Il se précipite, une arme à la main, sur Prospero qui vient d'apparaître.

PROSPERO

tendant la poitrine

Frappe, mais frappe donc! Ton maître! Ton bienfaiteur! Tu ne vas quand même pas l'épargner!

Caliban lève le bras, mais hésite.

Allons! Tu n'oses pas! Tu vois bien que tu n'es qu'un animal : tu ne sais pas tuer.

CALIBAN

Alors, défends-toi! Je ne suis pas un assassin.

PROSPERO

très calme

Eh bien tant pis pour toi. Tu as laissé passer ta chance. Bête comme un esclave! Et maintenant, finie la comédie!

Il appelle

Ariel!

A Ariel

Ariel, occupe-toi des prisonniers.

Caliban, Trinculo et Stephano sont fait prisonniers.

Scène 5

Grotte de Prospero. Miranda et Ferdinand jouent aux échecs.

MIRANDA

Vous trichez, Monseigneur!

FERDINAND

Et si je vous répondais que pour vingt royaumes je ne le ferais?

MIRANDA

Je n'en croirais pas un mot, mais je vous pardonnerais... Soyez franc : Vous avez triché!

FERDINAND

Je suis content que vous vous en soyez aperçue.

Riant

Cela me fait concevoir moins d'inquiétude à l'idée que vous passerez bientôt de votre innocent royaume de fleurs à mon moins innocent royaume d'hommes.

MIRANDA

Oh! Vous savez, accrochée à votre étoile, Monseigneur... Je suis prête à affronter les démons de l'enfer!

Entrent les seigneurs.

ALONSO

Mon fils! Ce mariage! j'en perds la parole de saisissement!
De saisissement et de joie!

GONZALO

Heureuse conclusion d'un très heureux naufrage!

ALONSO

Naufrage unique, en effet, puisqu'on peut légitimement le
qualifier d'heureux!

GONZALO

Regardez-les! C'est-y pas beau! Si je ne pleurais intérieu-
rement, j'aurais déjà pris, extérieurement, la parole, pour
dire succinctement à ces enfants toute la joie qu'éprouve
mon vieux cœur à les voir filer le parfait amour, et nourrir
l'un pour l'autre de si beaux sentiments.

ALONSO

à Ferdinand et Miranda

Mes enfants, donnez-moi vos mains! Que le Seigneur vous
bénisse.

GONZALO

Ainsi soit-il. Amen.

Entre Prospero.

PROSPERO

Merci à vous, Messieurs, d'avoir bien voulu assister à cette
petite fête de famille. Votre présence nous a apporté récon-
fort et joie. Mais il vous faut songer à prendre quelque repos.
Demain matin, vous retrouverez vos vaisseaux — lesquels
sont intacts — et vos hommes, lesquels, je vous en réponds,
sont gaillards et saufs. Je rentre avec vous en Europe et vous

promets, (nous promets, d evrais-je dire) une voile rapide et
des vents favorables.

GONZALO

Vive Dieu! Vous nous voyez ravis, Seigneur, ravis et comblés.
O journée mémorable! En un seul voyage, Antonio retrouve
un frère, son frère un duché, la fille de celui-ci (pas du duché,
la fille du frère) un époux. Alonso retrouve son fils et puis
une fille... Que sais-je encore? Bref, il n'y a que moi dont
l'émotion fait que, dans mon discours, je ne m'y retrouve
plus...

PROSPERO

La preuve, excellent Gonzalo, c'est que vous oubliez quelqu'un, Ariel, mon loyal serviteur.

Se tournant vers Ariel

Oui, Ariel, tu retrouves aujourd'hui ta liberté! Va, mon
poussin! Je souhaite que tu ne t'ennuies pas!

ARIEL

M'ennuyer! Je crains que les journées
ne me paraissent courtes!
Là où les cécropies gantent d'argent l'impatience
de leurs mains
Là où les fougères délivrent d'un cri vert
le noir tronçon têtu de leur corps scarifié
Là où la baie énivrante mûrit l'escale
pour le ramier sauvage
par la gorge de l'oiseau musicien
je laisserai tomber
une à une
chacune plus délectable
quatre notes si douces que la dernière
fera lever une brûlure
dans le cœur des esclaves les plus oublieux
Nostalgie de liberté!

83

PROSPERO

Dis donc, tu ne vas quand même pas me mettre le feu au monde avec ta musique!

ARIEL

comme ivre

Ou bien dans la savane pierreuse
je serai, perché sur la hampe de l'agave,
la grive qui lance au trop patient paysan
son cri moqueur :
« Pioche nègre! Pioche nègre! »
et l'agave allégée
se redressera de mon vol
en solennel drapeau!

PROSPERO

Voilà un programme très inquiétant! Allons! File! Avant que je ne me repente!

Entrent Stephano, Trinculo, Caliban.

GONZALO

Seigneur, voici vos gens!

PROSPERO

Oh non! Pas tous! Prenez-en votre part.

ALONSO

C'est vrai. C'est cette fripouille de Trinculo et l'ineffable Stephano.

STEPHANO

Eux-mêmes, Seigneur, eux-mêmes. Nous nous jetons à vos pieds miséricordieux.

ALONSO

Où étiez-vous passés?

STEPHANO

Monseigneur, nous nous promenions dans la forêt, non, dans la savane, quand nous aperçûmes d'honnêtes habits qui se baladaient dans le vent. Nous avons cru bien faire en les ramassant et nous les rapportions à leur légitime propriétaire, quand il nous est arrivé une aventure atroce...

TRINCULO

Oui, on nous a pris pour des voleurs et traités comme tels.

STEPHANO

Oui Monseigneur, c'est la chose la plus épouvantable qui puisse arriver à des gens honnêtes : victimes d'une erreur judiciaire!

PROSPERO

C'est bon! C'est jour de bonté aujourd'hui, et il ne servirait à rien de vous raisonner en l'état où vous êtes...
Retirez-vous... Allez cuvez votre vin, ivrognes. Demain, nous appareillons.

TRINCULO

Appareiller! Mais nous ne faisons que ça, Monseigneur, Stephano et moi, appareiller! Et du vent dans nos voiles du matin jusqu'au soir. C'est aborder qui est le plus difficile!

PROSPERO

Puissiez-vous, scélérats, aborder un jour, dans votre navigation terrestre, à Tempérance et Sobriété!

ALONSO

désignant Caliban

Voici l'être le plus étrange que j'aie jamais vu!

PROSPERO

Et le plus démoniaque aussi!

GONZALO

Qu'est-ce que j'entends? Démoniaque! Vous l'avez réprimandé... sermonné... sommé et requis et vous me dites qu'il reste irréductible!

PROSPERO

C'est comme je vous le dis, honnête Gonzalo.

GONZALO

Eh bien (pardonnez-moi, conseiller, je conseille) croyez-en ma vieille expérience, il ne reste plus qu'à l'exorciser... « Esprit immonde, va-t'en, Au nom du Père, du Fils et du Saint-Esprit. » Pas plus difficile que ça!

Caliban éclate de rire.

GONZALO

Ma foi, vous aviez fichtrement raison... Encore plus que vous ne croyiez... Ce n'est pas seulement un révolté. C'est un endurci.

A Caliban

Mon ami, tant pis pour vous! J'ai essayé de vous sauver, j'y renonce. Je vous abandonne au bras séculier!

PROSPERO

Approche, Caliban. Qu'as-tu à dire pour ta défense? Profite de mes bonnes dispositions. Je suis aujourd'hui dans ma veine pardonnante.

CALIBAN

Je ne tiens pas du tout à me défendre. Je n'ai qu'un regret, celui d'avoir échoué.

PROSPERO

Qu'espérais-tu?

86

CALIBAN

Reprendre mon île et reconquérir ma liberté.

PROSPERO

Et que ferais-tu tout seul, dans cette île hantée du diable et battue par la tempête?

CALIBAN

D'abord me débarrasser de toi... Te vomir. Toi, tes pompes, tes œuvres! Ta blanche toxine!

PROSPERO

En fait de programme, c'est plutôt négatif...

CALIBAN

Tu n'y es pas, je dis que tu es à vomir, et ça, c'est très positif...

PROSPERO

Décidément, c'est le monde renversé. On aura tout vu : Caliban dialecticien! Mais après tout, Caliban, je t'aime bien... Allons, faisons la paix... Nous avons vécu dix ans ensemble et travaillé côte à côte dix ans! Dix ans, ça compte! Nous avons fini par devenir compatriotes!

CALIBAN

Ce n'est pas la paix qui m'intéresse, tu le sais bien. C'est d'être libre. Libre, tu m'entends!

PROSPERO

C'est drôle! Tu as beau faire, tu ne parviendras pas à me faire croire que je suis un tyran!

CALIBAN

Il faut que tu comprennes, Prospero :
des années j'ai courbé la tête,
des années j'ai accepté

tout accepté :
tes insultes, ton ingratitude
pis encore, plus dégradante que tout le reste,
ta condescendance.
Mais maintenant c'est fini!
Fini, tu entends!
Bien sûr, pour le moment tu es encore
le plus fort.
Mais ta force, je m'en moque,
comme de tes chiens, d'ailleurs,
de ta police, de tes inventions!
Et tu sais pourquoi je m'en moque?
Tu veux le savoir?
C'est parce que je sais que je t'aurai.
Empalé! Et au pieu que
tu auras toi-même aiguisé!
Empalé à toi-même!
Prospero, tu es un grand illusionniste :
le mensonge, ça te connaît.
Et tu m'as tellement menti,
menti sur le monde, menti sur moi-même,
que tu as fini par m'imposer
une image de moi-même :
Un sous-développé, comme tu dis,
un sous-capable,
voilà comment tu m'as obligé à me voir,
et cette image, je la hais! Et elle est fausse!
Mais maintenant, je te connais, vieux cancer,
et je me connais aussi!

Et je sais qu'un jour
mon poing nu, mon seul poing nu
suffira pour écraser ton monde!
Le vieux monde foire!

C'est pas vrai? Tiens, regarde!
Toi-même, tu t'y emmerdes!

A propos, tu as une occasion d'en finir :
Tu peux foutre le camp.
Tu peux rentrer en Europe.
Mais je t'en fous!
Je suis sûr que tu ne partiras pas!
Ça me fait rigoler ta « mission »
ta « vocation »!
Ta vocation est de m'emmerder!
Et voilà pourquoi tu resteras,
comme ces mecs qui ont fait les colonies
et qui ne peuvent plus vivre ailleurs.
Un vieil intoxiqué, voila ce que tu es!

PROSPERO

Pauvre Caliban! Tu le sais bien, que tu vas à ta perte. Que tu cours au suicide! Que je serai le plus fort, et chaque fois le plus fort. Je te plains!

CALIBAN

Et moi, je te hais!

PROSPERO

Méfie-toi. Ma bonté a des limites!

CALIBAN

déclamant

> *Shango marche avec force*
> *à travers le ciel, son promenoir!*
> *Shango est un secoueur de feu*
> *chacun de ses pas ébranle le ciel*
> *ébranle la terre*
> *Shango Shango ho!*

PROSPERO

J'ai déraciné le chêne, soulevé la mer,
ébranlé la montagne, et bombant

ma poitrine contre le sort contraire,
j'ai répondu à Jupiter foudre pour foudre.
Mieux! De la brute, du monstre, j'ai fait l'homme!
Mais oh!
D'avoir échoué à trouver le chemin
du cœur de l'homme, si du moins c'est là l'homme.

à Caliban

Eh bien moi aussi je te hais!
Car tu es celui par qui pour
la première fois j'ai douté de
moi-même.

s'adressant aux Seigneurs

... Mes amis, approchez : Je vous fais mes adieux. Je ne
pars plus. Mon destin est ici : Je ne le fuirai pas.

ANTONIO

Quoi, Seigneur!

PROSPERO

Comprenez-moi bien.
Je suis non pas au sens banal du terme,
le maître, comme le croit ce sauvage,
mais le chef d'orchestre d'une vaste partition :
cette île.
suscitant les voix, moi seul,
et à mon gré les enchaînant,
organisant hors de la confusion
la seule ligne intelligible.
Sans moi, qui de tout cela
saurait tirer musique?
Sans moi cette île est muette.
Ici donc, mon devoir.
Je resterai.

GONZALO

O journée jusqu'au bout fertile en miracles!

PROSPERO

Ne vous affligez pas. Antonio, gardez le lieutenance de mes biens et usez-en comme un procurateur, jusqu'à ce que Ferdinand et Miranda puissent en prendre effective possession, les cumulant avec le royaume de Naples. Rien ne doit être différé de ce qui a été arrêté les concernant : Que leurs noces soient célébrées avec tout l'éclat royal à Naples. Honnête Gonzalo, je me fie à votre foi. A cette cérémonie, vous tiendrez lieu de père à notre princesse!

GONZALO

Seigneur, comptez sur moi.

PROSPERO

Adieu, Messieurs.

Ils sortent.

Et maintenant, Caliban, à nous deux!
Ce que j'ai à te dire sera bref :
Dix fois, cent fois, j'ai essayé de te sauver,
et d'abord de toi-même.
Mais tu m'as toujours répondu par la rage.
et le venin, semblable
à la sarigue qui pour mieux
mordre la main qui la tire de la nuit
se hisse au cordage de sa propre queue!
Eh bien, mon garçon, je forcerai ma nature
indulgente et désormais à ta violence
je répondrai par la violence!

> *Du temps s'écoule, symbolisé par le rideau qui descend à demi et remonte. Dans une pénombre, Prospero, l'air vieilli et las. Ses gestes sont automatiques et étriqués, son langage appauvri et stéréotypé.*

C'est drôle, depuis quelque temps, nous sommes ici envahis par des sariques. Y en a partout... Des pécaris, des cochons sauvages, toute cette sale nature! Mais des sariques, surtout... Oh, ces yeux! Et sur la face, ce rictus ignoble! On jurerait que la jungle veut investir la grotte. Mais je me défendrai... Je ne laisserai pas périr mon œuvre...

Hurlant

Je défendrai la civilisation!

Il tire dans toutes les directions.

Ils en ont pour leur compte... Comme ça, j'ai un bon moment à être tranquille... Mais fait froid... C'est drôle, le climat a changé... Fait froid, dans cette île... Faudrait penser à faire du feu... Eh bien, mon vieux Caliban, nous ne sommes plus que deux sur cette île, plus que toi et moi. Toi et moi! Toi-Moi! Moi-Toi! Mais qu'est-ce qu'il fout?

Hurlant

Caliban!

On entend au loin parmi le bruit du ressac et des piaillements d'oiseaux les débris du chant de Caliban

LA LIBERTÉ OHÉ, LA LIBERTÉ!

Table

Toussaint Louverture
La Révolution française et le problème colonial
essai
Présence africaine, 1962, 2004

La Tragédie du roi Christophe
théâtre
Présence africaine, 1963, 1970

Une saison au Congo
théâtre
Seuil, 1966
et « Points », n° P831

Premiers jalons pour une politique de la culture
(en collaboration avec Jacques Rabemananjara
et Léopold Sédar Senghor)
essai
Présence africaine, 1968

Œuvres complètes
poésie, théâtre, essais
Éditions Desormeaux, 1976

Moi, laminaire
poèmes
Seuil, 1982
et « Points Poésie », n° P1447

La Poésie
œuvre poétique complète
Seuil, 1994, 2006

Tropiques
Revue culturelle (1941-1945)
Jean-Michel Place, 1994

Anthologie poétique
Imprimerie nationale, 1996

Victor Schœlcher et l'abolition de l'esclavage
Suivi de Trois discours
Le Capucin, 2004

Cent Poèmes d'Aimé Césaire
Omnibus, 2009

Nègre je suis, nègre je resterai
Entretiens avec Françoise Vergès
Albin Michel, 2011

Œuvres complètes d'Aimé Césaire
(sous la direction d'Albert James Arnold)
CNRS Éditions, 2013

Nawetu deret
Céytu, 2016

Chanson de l'hippocampe et autres poèmes
Gallimard-Jeunesse, 2017

Écrits politiques
1935-2008
Nouvelles éditions JMP, 2019

IMPRESSION : MAURY IMPRIMEUR À MALESHERBES (45)
DÉPÔT LÉGAL : MARS 1997 - N° 31431-24 (254942)
Imprimé en France